AF221015

curiosidades
en verso
Del Big Bang a la humanidad

1.ª edición: abril 2025

© Del texto: Sagrario Pinto y M.ª Isabel Fuentes, 2017, 2018
© De la ilustración: Lucía Serrano, 2017, 2018
© Grupo Anaya, S. A., 2025
Valentín Beato, 21. 28037 Madrid
www.anayainfantilyjuvenil.com

Director editorial: Pablo Cruz
Editora: Carlota Echevarría
Asistente editorial: Mercedes González Grande

ISBN: 978-84-143-4297-8
Depósito legal: M-3939-2025
Impreso en España - *Printed in Spain*

PAPEL DE FIBRA
CERTIFICADA

Reservados todos los derechos. El contenido de esta obra está protegido por la Ley,
que establece penas de prisión y/o multas, además de las correspondientes
indemnizaciones por daños y perjuicios, para quienes reprodujeren, plagiaren,
distribuyeren o comunicaren públicamente, en todo o en parte, una obra literaria,
artística o científica, o su transformación, interpretación o ejecución artística fijada
en cualquier tipo de soporte o comunicada a través de cualquier medio,
sin la preceptiva autorización.

Sagrario Pinto · M.ª Isabel Fuentes

curios¡dades en verso

Del Big Bang a la humanidad

Ilustraciones de Lucía Serrano

ANAYA

Índice

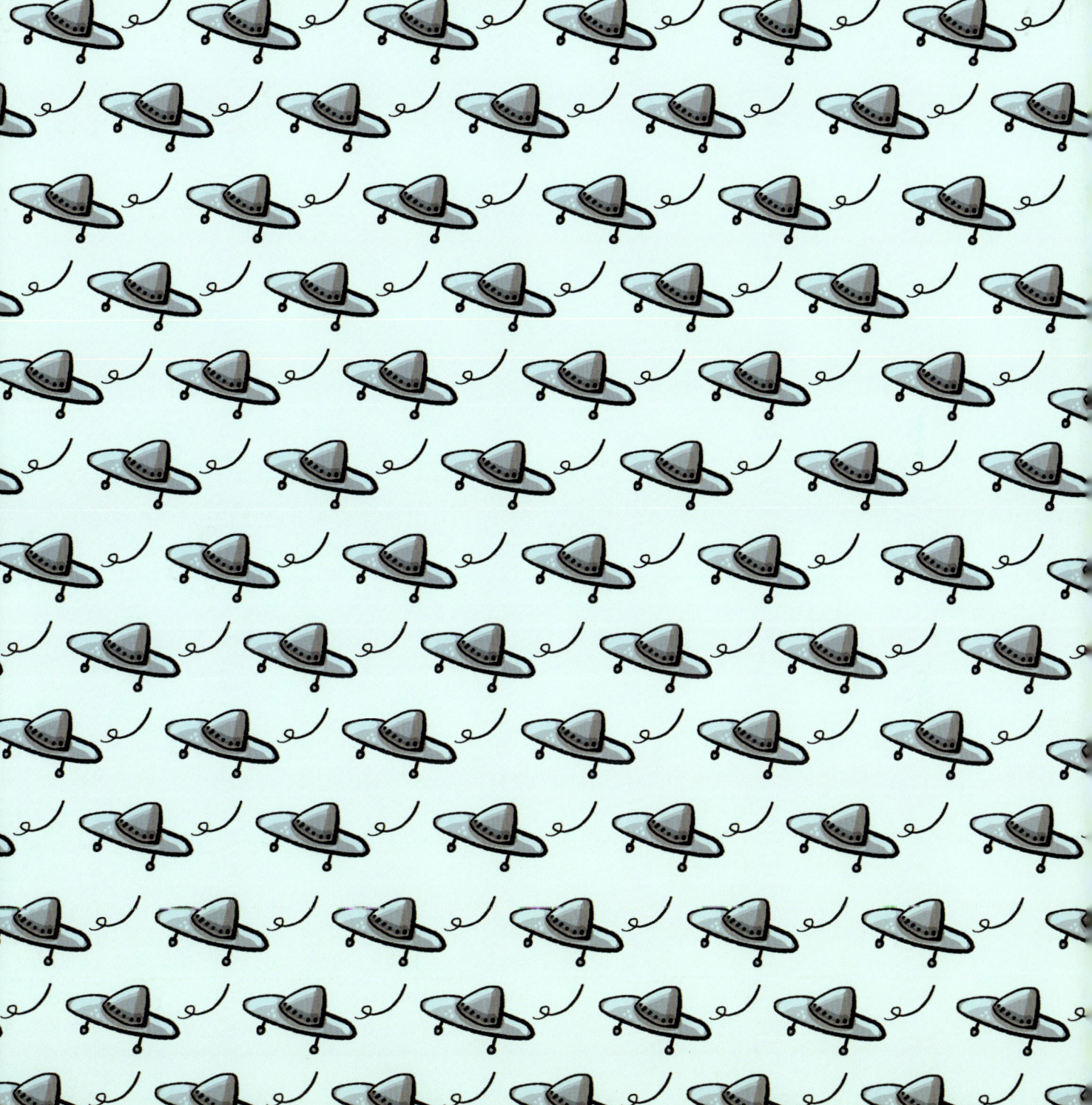

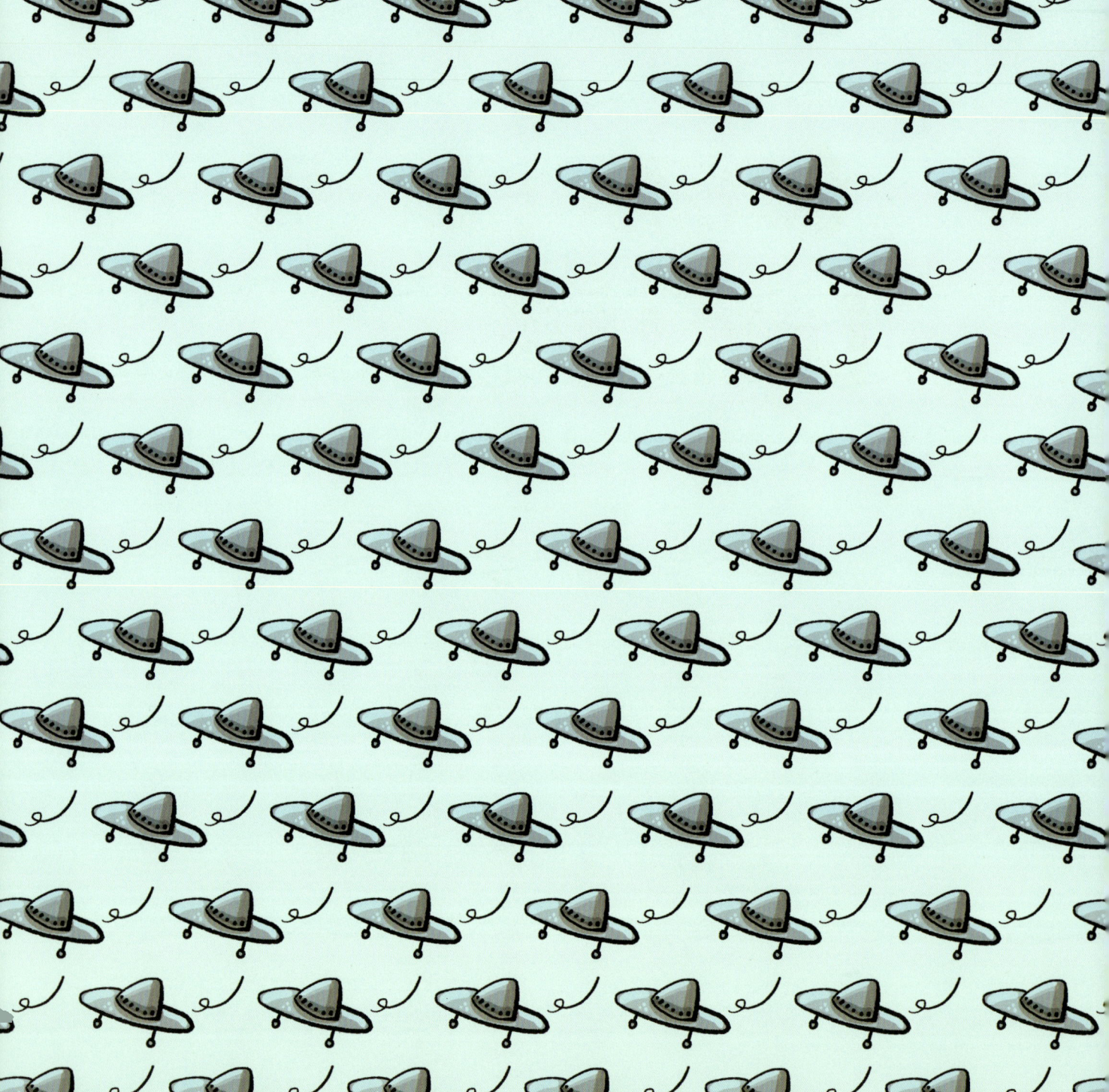

Qué hay en el universo

En el universo están
tu cama, tu habitación,
tu casa, tu calle, el bosque,
la Tierra, la Luna, el Sol…

El universo es muy grande,
enorme, descomunal.
Nadie sabe lo que mide,
y se extiende sin cesar.

Nuestra buena estrella

Entre todas las estrellas,
el Sol es la más cercana.
Nos calienta, nos da luz,
y hace crecer a las plantas.

En el sistema solar,
el Sol es el director.
Los planetas y satélites
danzan a su alrededor.

Mercurio es el más pequeño,
y Venus, el más brillante.
El planeta azul, la Tierra,
y el planeta rojo es Marte.

Júpiter, el más grandote,
Saturno, el de los anillos,
y Urano y Neptuno están
muy lejos, ¡y son muy fríos!

Los satélites se mueven
alrededor de un planeta.
El de la Tierra es la Luna.
Por la noche puedes verla.

Mira la **Luna**

Luna nueva, Luna llena,
cuarto creciente o menguante;
según la ilumine el Sol,
vemos una u otra fase.

Y hay cometas, como el Halley,
que aunque no tienen luz propia,
al pasar cerca del Sol,
brillan con su larga cola.

Están formados por hielo,
rocas y polvo estelar.
Y atraviesan el espacio
a una gran velocidad.

¡No podrás **contarlas**!

Las estrellas no están solas,
forman grupos gigantescos
con polvo y gas: las galaxias,
ciudades del universo.

Nuestro sistema solar
se encuentra en una galaxia
donde hay millones de estrellas.
Se llama la Vía Láctea.

Mira al cielo atentamente
en una noche estrellada.
¡Contempla cuántas figuras!
Dos osas, una jirafa…

¿Y tú **qué ves?**

Y si vuelves a mirar,
verás Leo, Escorpio, Tauro,
Aries, Capricornio, Piscis…
No es un zoo. ¡Es el zodiaco!

A **viajar**

Aunque el espacio es muy grande
y el ser humano es pequeño,
se inventaron los cohetes
para poder recorrerlo.

El hombre llegó a la Luna
y caminó sobre ella.
El primero fue Neil Armstrong.
La Luna guarda sus huellas.

Ser astronauta no es fácil.
Además de estudiar mucho,
hay que estar en buena forma,
y el entrenamiento es duro.

Muchas horas de gimnasio,
ejercicios bajo el agua,
hay que aprender a flotar
y a medir bien las distancias.

En el cielo, a gran altura,
flotando en la inmensidad,
hay una casa habitada:
es la Estación Espacial.

Aunque se llama estación,
no es una estación de trenes.
Allí viven astronautas
que experimentan y aprenden.

¡Qué trajín en el espacio,
no te puedes relajar!
Hasta sentarte en el baño
es misión muy especial.

Todo flota y se te escapa,
se te alborotan los pelos…
Si quieres venir a vernos,
prepárate y… ¡feliz vuelo!

Juega con las palabras, desarrolla tu ingenio y tu creatividad a través de rimas sencillas con las que podrás acercarte a algunos de los asombrosos misterios del universo:

● Con un globo, un rotulador blanco y tus ganas de soplar, puedes ver que el universo se extiende cada vez más:

1. Infla un poco un globo,
   será tu universo;
   es mejor si encuentras
   uno azul, o negro.

2. Píntale puntitos blancos
   y que formen espirales.

3. Al inflar más, comprobarás
   ¡que tu universo se expande!

● Como has aprendido mucho, ahora puedes contestar: ¿Qué estrella nos ilumina mucho más que las demás?

¿Quieres hacerte un cohete genial que no contamina? Necesitarás un tubo del papel de la cocina, tijeras, un pegamento y trozos de cartulina.

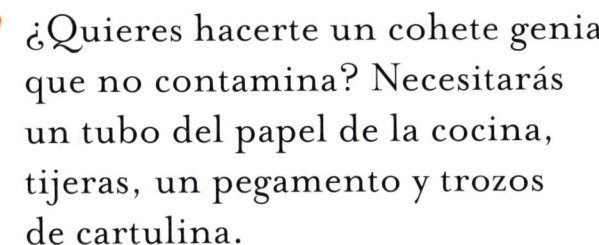

Resuelve esta adivinanza que te envío desde el cielo y dímela por la noche, cuando salgo de paseo:

No soy casa
y tengo cuartos.
No me ves
cuando estoy nueva.

Y a pesar
de que no como,
hay noches
en que estoy llena.

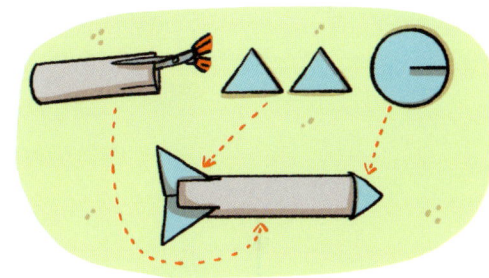

¿Serás un buen astronauta? Pronto lo podrás saber...
Di si es verdadero o falso lo que pone en este test.

	VERDADERO	FALSO
El universo es pequeño.	☐	☐
No es más que una estrella el Sol.	☐	☐
Tiene luz propia una estrella, pero un planeta no.	☐	☐

Las plantas

¡Menudo **tamaño**!

Son gigantes de los bosques
y viven miles de años.
Las secuoyas nos sorprenden
por su altura y su tamaño.

Y también son asombrosos
otros árboles, enanos,
sauces con troncos y ramas
más pequeños que tu mano.

El árbol más generoso
es sin duda el baobab.
Nos ofrece medicinas,
fruta, aceite, leche, pan...

Le llaman árbol botella
porque el agua sabe ahorrar.
¡Si hay un fuego en la sabana,
él nunca se quemará!

Con el fruto de esta planta
no te quedarás con hambre…
Puede pesar más que un oso
la calabaza gigante.

Y la semilla más grande
es la del coco de mar.
¡No encontrarás un bolsillo
donde la puedas guardar!

Un cactus en el desierto
te puede salvar la vida;
guarda el agua y la protege
en su cántaro de espinas.

Y aunque te guste la adelfa,
¡no la vayas a probar!
Sus hojas son venenosas,
te puedes intoxicar.

Para subir al balcón
no utilizan escalera.
Hoja a hoja, tras, tris, tras,
llegan sin que te des cuenta.

Madreselvas, campanillas,
jazmines, glicinas, hiedras…
Los muros de tu jardín
cambian de color al verlas.

Hay nenúfares gigantes
que te van a sorprender:
puedes tumbarte en sus hojas
tranquilamente a leer.

Su flor, que una noche es blanca,
se vuelve otra noche rosa,
y por el día se duerme…
¿Has visto flor más curiosa?

Tiene un tamaño gigante
y es repugnante su olor.
Aunque la llamen cadáver,
¡no te asustes de esta flor!

Ni de la flor esqueleto,
que es en verdad peculiar,
porque si la toca el agua
se vuelve como el cristal.

Hay praderas en el mar
donde no pastan las vacas,
pero viven caballitos
y estrellas rojas y blancas.

Praderas de posidonias
que entre sus hojas protegen
a caracolas y erizos,
a calamares y peces.

¡Qué **amorosas**!

Aunque te acerques con mimo,
no toques a la mimosa.
Es muy sensible esta planta,
se encogerá si la rozas.

Acércate, sin embargo,
si ves a la flor del beso.
Sus dos hojas, como labios,
te ofrecen flores de cuento.

¡Las apariencias engañan!

En los desiertos hay plantas
que se confunden con piedras
para que no se las coman
las liebres ni las gacelas.

Y en los bosques tropicales
crecen orquídeas que sueñan
que tienen cara de mono,
que tienen cuerpo de abeja…

No se comen un filete
con cuchillo y tenedor.
¡Y mucho menos podrían
zamparse a un explorador!

Pero como los bichitos
se despisten y no atiendan,
si no se escapan volando,
les servirán de merienda.

Juega con las palabras, desarrolla tu ingenio y tu creatividad a través de rimas sencillas con las que podrás conocer mejor el mundo de las plantas:

● Grandes o enanos, los árboles, todos son nuestros amigos. Tú puedes conseguir uno, con un poquito de mimo. Si encuentras unos piñones por el monte paseando y sigues estos consejos, puedes probar a plantarlos:

1. En un vaso de yogur pon tierra para las plantas. Planta un piñón, no muy hondo, riega en zona soleada.
2. Tendrás que esperar paciente a que brote tu arbolito. Cuando la planta esté grande, trasplanta y cuida tu pino.

● Las plantas enredaderas se enredan para trepar. ¿Se te enreda a ti la lengua cuando las quieres nombrar? Recita este trabalenguas y después me lo dirás.

Tres tréboles trepadores
trepando hacían tris, tras.
Tris, tras, trepaban tres tréboles.
¡Ay, qué trajín al trepar!

Litros y litros de agua almacena el baobab.
El agua es muy importante, no la debes malgastar.
Piensa qué puedes hacer si el agua quieres ahorrar,
explícalo y ponlo en práctica. ¡Es muy fácil de lograr!

Has visto que hay calabazas que, sin duda, son inmensas.

Pero di, ¿en cuál
de estos cuentos
hay una que
es gigantesca:
*Blancanieves,
Peter Pan, Pinocho*
o *La Cenicienta*?

Algunos nombres de flores seguro que te dan miedo:
flor esqueleto o cadáver… ¡Solo con oírlos tiemblo!
Si tú quieres asustar a tus padres o a tu hermano,
haz fantasmas de hojas secas pintadas de color blanco.

Los dinosaurios

Aquí, en el planeta Tierra,
hace millones de años,
en la era Mesozoica,
vivieron los dinosaurios.

Algunos eran enormes,
otros eran muy pequeños…
Si los quieres conocer,
¡acércate y ven a verlos!

Mira el Argentinosaurio,
un increíble gigante.
¡Su cuerpo pesaba tanto
como catorce elefantes!

Anchiornis y Arqueópterix,
otros dos, eran, en cambio,
pequeñitos y con plumas:
más bien parecían pájaros.

Comedores de plantas

Los dinosaurios herbívoros
comían a todas horas
kilos y kilos de plantas:
cortezas, raíces, hojas…

El Diplodocus tenía
patas fuertes, cuello largo,
y una cola supersónica
que movía como un látigo.

¿El rey de los dinosaurios?
¡El Tiranosaurio rex!
Cada uno de sus dientes
medía más que tus pies.

Era un animal carnívoro
y andaba sobre dos patas.
Su cabeza era tan grande
que, al verlo, todos temblaban.

¡En guardia!

Los dinosaurios herbívoros
tenían que defenderse
de los feroces carnívoros,
que atacaban de repente.

El escudo de su cuello
protegía al Chasmosaurio.
Y el Anquilosaurio estaba
por completo acorazado.

Tenían los dinosaurios
cada uno su atractivo
y para encontrar pareja
se esmeraban en lucirlo.

¡Qué guapo el Espinosaurio!
Fíjate en su hermosa cresta.
El Dracorex presumía
de su cornuda cabeza.

Si un día los dinosaurios
echaran una carrera,
el pequeño Compsognathus
iría en la delantera.

¡En marcha!

Sin embargo, el Brachiosaurio
tardaría mucho más,
no es fácil correr deprisa
cuando eres… ¡descomunal!

¡Qué extraño el Estegosaurio,
con sus placas puntiagudas,
un cerebro pequeñito
y en la cola cuatro púas!

¿Te imaginas los mordiscos
que daba el Edmontosaurio?
¡Piensa que tenía mil dientes
detrás de un pico de pato!

Los dinosaurios nacían
de huevos muy diferentes,
redonditos o alargados,
dependiendo de la especie.

Los Maiasaura criaban
a sus pequeños en nidos.
Allí los alimentaban
y los cuidaban con mimo.

Icnitas y coprolitos

¿Sabes qué son las icnitas?
Las pisadas y otras huellas
de los viejos dinosaurios
que se han convertido en piedra.

También se han fosilizado
otros restos muy antiguos:
¡las cacas de dinosaurios!
Las llamamos coprolitos.

¿Qué fue de los dinosaurios?
¡De un plumazo se extinguieron!
Dicen que fue un meteorito
el que terminó con ellos.

Con sus huesos se ha logrado
reconstruir su apariencia.
Y hoy podemos admirarlos
y conocer cómo eran.

Juega con las palabras, desarrolla tu ingenio y tu creatividad. A través de rimas sencillas podrás conocer algunos de los dinosaurios más sorprendentes que vivieron hace millones de años, cuando los seres humanos aún no existían.

● Si tuvieses que invitar a un Tiranosaurio rex,
¿qué comida le pondrías: alcachofas o un bistec?
Y si fuese un Diplodocus quien se sentase a tu mesa,
¿le prepararías salchichas o una ensalada de acelgas?

● Observa y presta atención. Fíjate bien en las formas.
¿Sabes a qué dinosaurio pertenece cada sombra?

● Los nombres de dinosaurios, a veces, son complicados.
Demuéstranos lo que sabes y… ¡rápido, dinos cuatro!

● Con la palma de tu mano estampada en un papel, podrás pintar dinosaurios como estos que aquí ves.

● Puedes hacer fácilmente un dinosaurio molón: con témpera de colores, con un plato de cartón y unos encuadernadores:

1. Medio plato para el cuerpo,
   y con la otra mitad,
   la cabeza, patas, cola
   y el cuello podrás formar.

2. Pinta bien todas las piezas,
   y cuando se hayan secado,
   pon los encuadernadores...
   ¡y lo tendrás terminado!

El mundo
animal

Son unos dientes enormes,
fuertes, curvos y afilados,
¡los colmillos de elefante!
¿Has visto dientes más largos?

¿Cuántos dientes tienes tú?
¡El tiburón tiene tantos
que tardarás mucho tiempo
si te pones a contarlos!

¿Te gustan los huevos fritos?
¿Prefieres una tortilla?
¡Con un huevo de avestruz
come toda una familia!

Y en la palma de tu mano
cabe una familia entera:
es la del pájaro mosca,
que es el ave más pequeña.

¡Todo **corazón**!

La enorme ballena azul
tiene un corazón gigante.
¡Es tan grande como un coche!
Es… ¡como un bebé elefante!

Animales cariñosos,
como el pulpo no hay ninguno:
en lugar de un corazón,
tiene tres (¡son dos más uno!).

¡Saca la **lengua**!

Ni un insecto se le escapa
al sagaz camaleón:
se camufla y, luego, ¡zas!,
¡lanza su lengua veloz!

Este oso con las uñas
escarba en los agujeros
y con su lengua larguísima
se merienda un hormiguero.

¿Te asusta la oscuridad?
Habla con el pez linterna.
Nunca le falta la luz,
¡nada con las pilas puestas!

¿Animales con luz propia?
Busca en el fondo del mar.
¡Allí viven calamares
que deslumbran al pasar!

Nunca persigas a un búho,
¡siempre te descubrirá!
Puede girar la cabeza
y mirarte por detrás.

¡Son *únicos!*

Tiene cola de castor,
pies de pato, un gran hocico,
pone huevos, toma leche...
¡Qué raro el ornitorrinco!

El campeón de los saltos
es el canguro de Australia.
Salta lejos, salta rápido…
¡Parece una goma elástica!

Y esta ranita curiosa
se parece al hombre araña,
puede pegar grandes saltos
y hasta trepar por las ramas.

Las serpientes son coquetas,
por eso cambian de piel.
Lucen sus camisas nuevas
y, a veces, un cascabel.

La anaconda es la más grande,
larga como un autobús.
¡Si se cruza en tu camino,
puede darte un patatús!

Dicen que el pingüino es torpe
porque no sabe volar,
pero es un ave elegante:
siempre lleva puesto el frac.

Y el más parlanchín, el loro.
Cotorrea sin parar.
¿Qué le contará al pirata
cuando sale a navegar?

No invites al oso panda
si no te queda bambú.
No le hará ninguna gracia
si le das otro menú.

Solo hojitas de eucalipto
quiere comer el koala.
Es lo que más le apetece…
¡Y una siesta entre las ramas!

Unos le dicen que es muda;
otros, que habla muy bajito…
Pero nunca le dirán:
¡Jirafa, no pegues gritos!

Sin embargo, no hay quien duerma
si el vecino es un león.
¡Su rugido es tan potente
como el ruido de un cañón!

Juega con las palabras, desarrolla tu ingenio y tu creatividad a través de rimas sencillas que te acercan al mundo de los animales:

- Di: ¿qué puede medir más que un colmillo de elefante: un lápiz, una pulsera o el castillo de un gigante? ¿Y quién tiene muchos dientes, sin que sea un tiburón: una jirafa, una mosca o un simpático ratón?

- Y ahora que has acertado, ¿tú me podrías decir cuál es el ave más grande: el águila o la perdiz?

- ¿Te gustan los animales? ¿Tendrán, todos, corazón? La medusa no lo tiene, hazle uno y dáselo.

- Sé que tu lengua no es larga, ¡no eres un camaleón!; pero puedes entrenarla para ser un campeón. Aprende este trabalenguas y, luego, recítalo.

*Desenrolla como un rayo
la lengua el camaleón.
Larga lengua desenrolla
y la enrolla aún más veloz.*

No hace falta que te preste su lámpara el pez linterna, seguro que tienes una, juega y haz sombras chinescas.

Si encuentras una huevera grandecita de cartón, podrás hacer tu anaconda o una serpiente pitón:

1. Recorta una fila larga.

2. Pinta con témpera verde.

3. La lengua, de cartulina.

4. Ponle ojitos y… ¡serpiente!

Tú no eres un oso panda, ni un koala. ¡Ya lo sé! Pero ¿qué caprichos tienes a la hora de comer? Piensa un poco y dime tres.

Y ya, para terminar, ruge, ladra y maúlla, muge, ponte a rebuznar… y podrás comunicarte con todo el reino animal.

El cuerpo humano

Tienes dos brazos, dos piernas,
una cabeza, un ombligo…
Eres como todo el mundo.
Y eres, a la vez, distinto.

El espejo nunca miente:
como tú no hay otro igual.
¿Pero cómo eres por dentro?
Acércate y lo sabrás.

Te presento a tu esqueleto:
todo huesos, ya lo ves.
Son duros y resistentes
de la cabeza a los pies.

El fémur es el más largo.
El más corto es el estribo.
Hay huesos con forma plana
y otros que son… ¡un martillo!

En la cabeza está el cráneo
que protege tu cerebro.
¡También está en las banderas
de los piratas de cuento!

Y en el pecho, las costillas,
en perfecta formación,
defienden a los pulmones
y también al corazón.

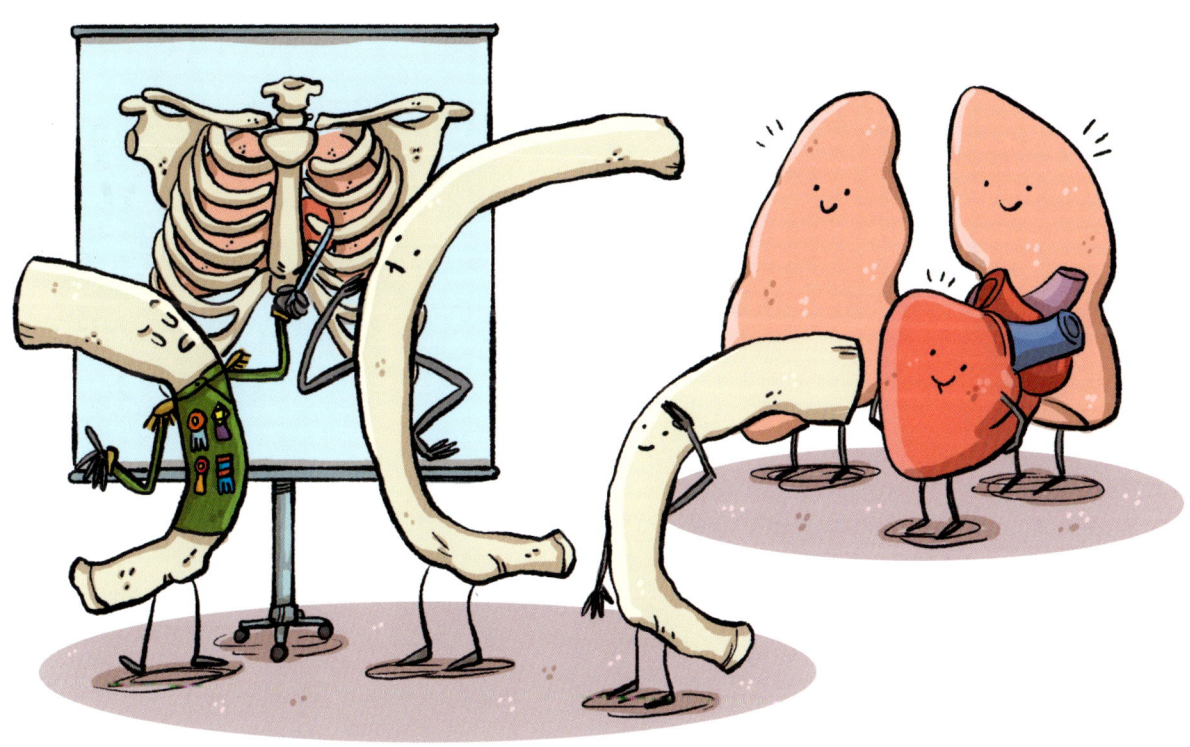

Con ellos comes, respiras
y te mueves… Son tus músculos:
pequeños, como en los dedos,
o grandes, como los glúteos.

Algunos, afortunados,
tienen hermanos gemelos.
Y otros, que son muy cotillas,
estiran muy bien el cuello.

El músculo más sonoro
es sin duda el corazón.
Todo el tiempo tararea,
lub, dub, lub, dub, su canción.

Late y late, sin descanso.
Y cuando te da la risa,
o saltas, o te enamoras…,
¡late mucho más deprisa!

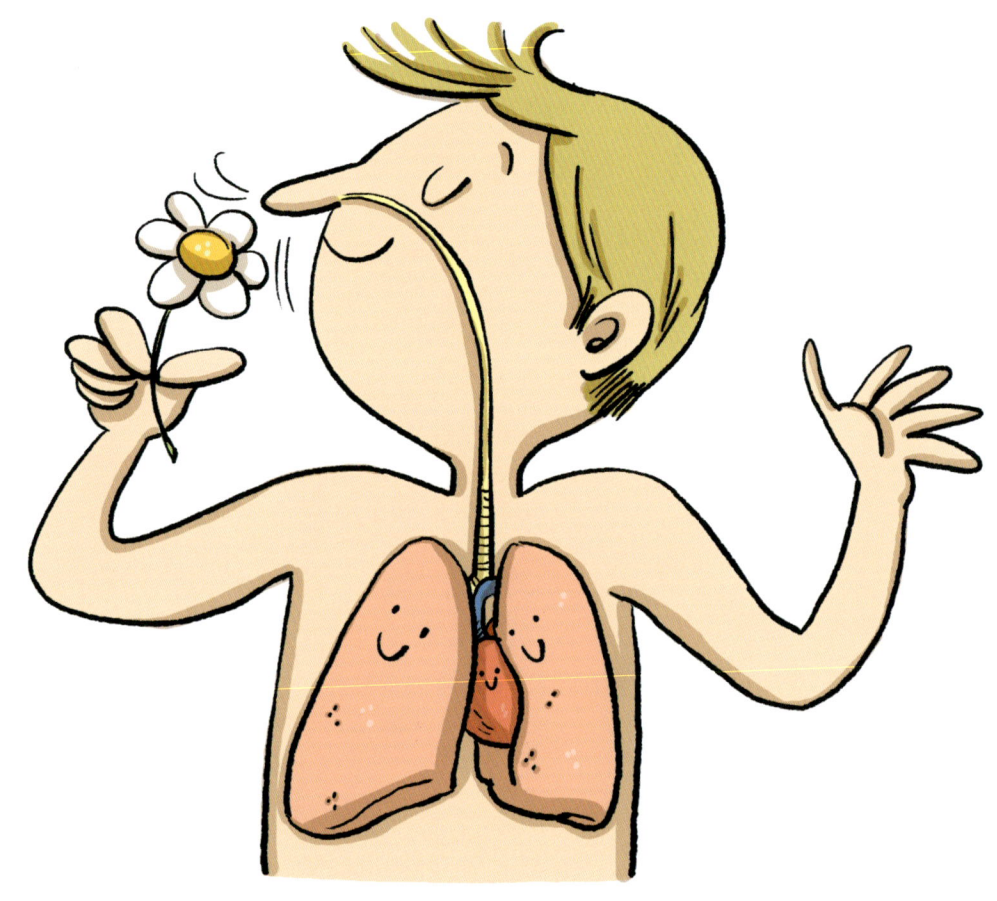

Para respirar tenemos
un pulmón y otro pulmón.
El izquierdo es más pequeño,
¡deja sitio al corazón!

Si un pintor los dibujara,
pintaría un árbol hermoso,
con sus ramas y ramitas:
los bronquios y los bronquiolos.

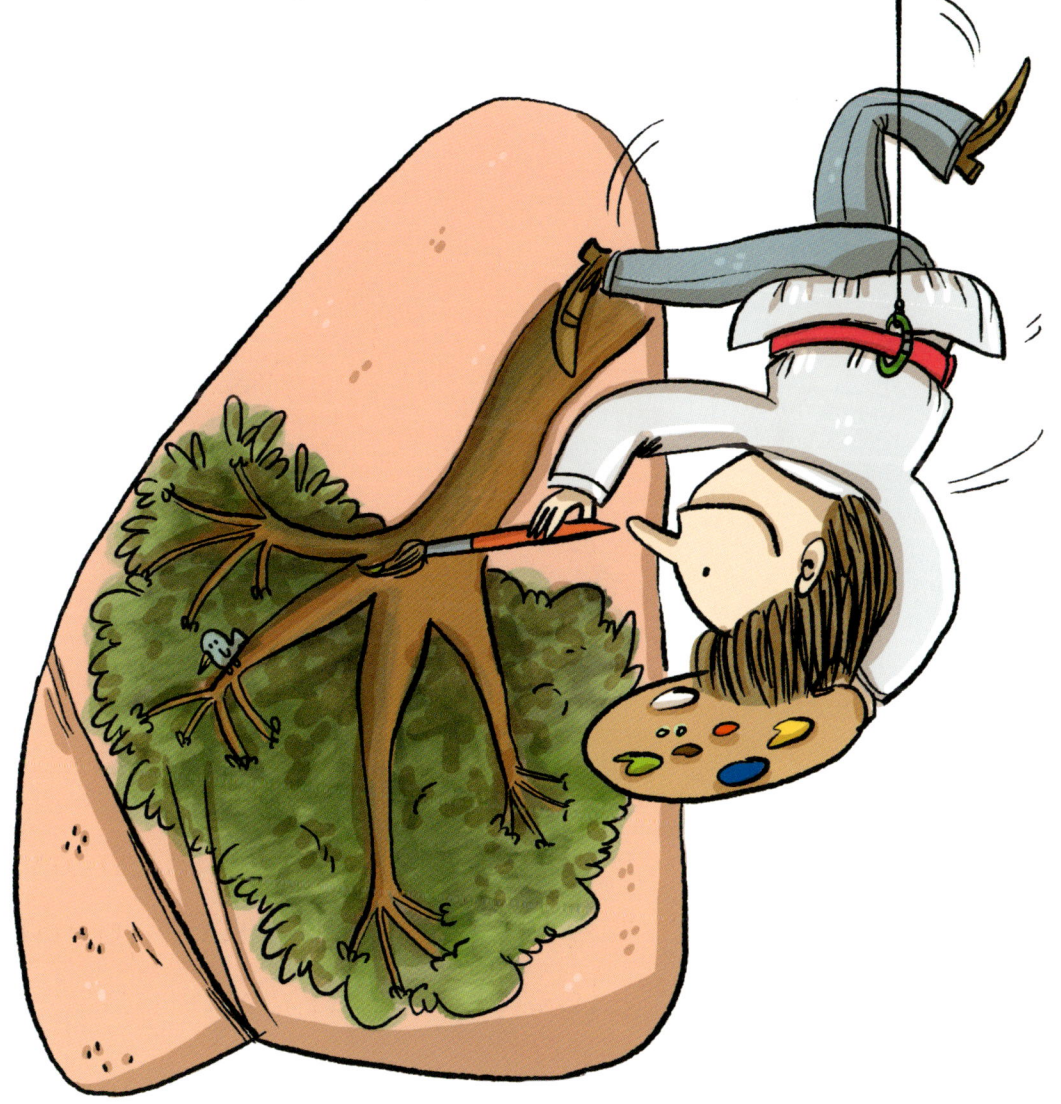

Digerir los alimentos
no es una cosa sencilla.
¡Cómo trabaja tu estómago
para hacer una papilla!

¡Vaya ajetreo!

Largo como una manguera,
¡y cabe entero en tu tripa!
El intestino delgado
es un buen contorsionista.

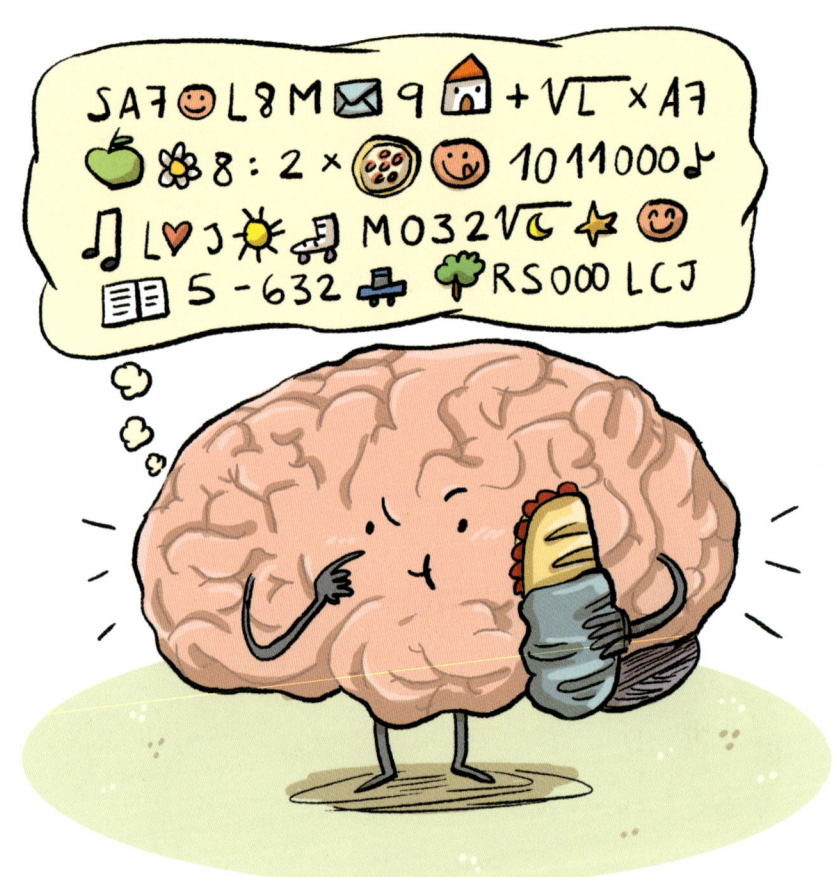

De tu cuerpo, es el cerebro
el ordenador central.
¡Él sí que tiene cabeza!
¡Nunca para de pensar!

No necesita un teclado,
ni un ratón, ni un monitor…
¡Sus millones de neuronas
transmiten la información!

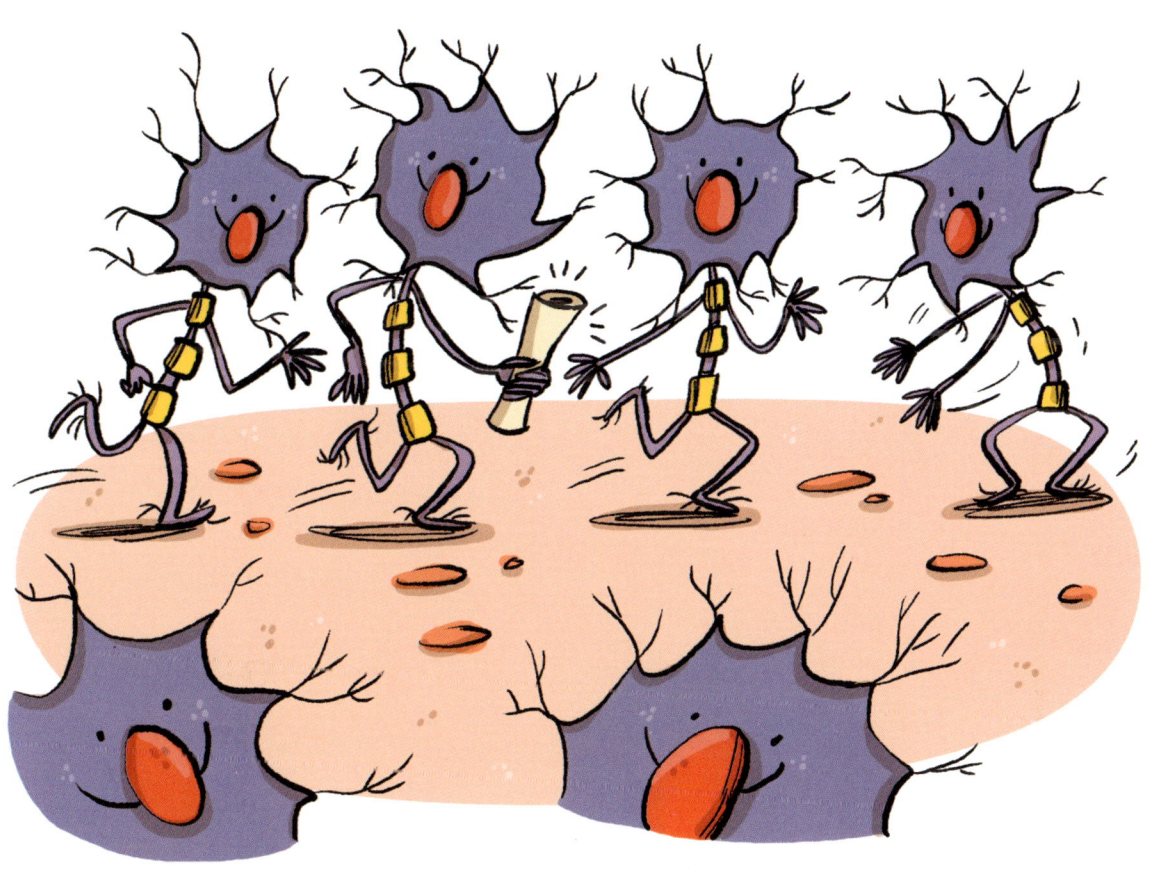

Las órdenes del cerebro
al cuerpo vienen y van
por los nervios que se alojan
en la médula espinal.

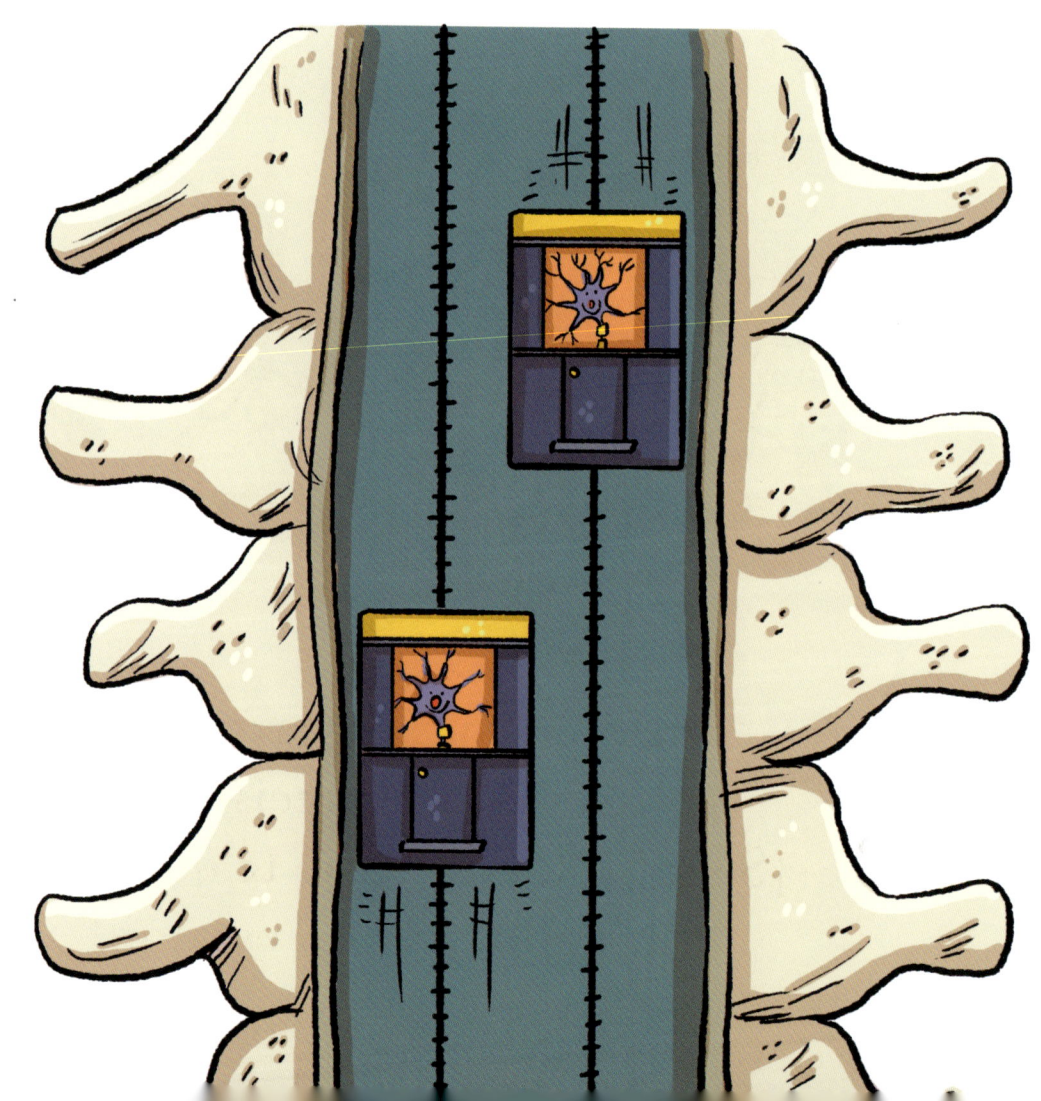

Sus mensajes llegan rápido
y avisan con precisión:
¡Salta! ¡Corre! ¡Que te quemas!
¡Cuidado, hay un escalón!

La piel te envuelve y protege.
Es elástica, impermeable,
sientes a través de ella,
¡y es el órgano más grande!

Y también tiene tu piel,
sin que sean tatuajes,
dibujos que te hacen único:
son tus huellas dactilares.

¿Para qué sirven las lágrimas?
¿Para qué sirve el sudor?
¿Para qué sirven los mocos…?
¡Todos cumplen su función!

Salen de tu cuerpo y fluyen.
Afinan tus sensaciones.
Te limpian y te refrescan,
y son solo… ¡secreciones!

Actividades

Juega con las palabras, desarrolla tu ingenio y tu creatividad a través de rimas sencillas con las que podrás aprender cómo es tu cuerpo por dentro:

● Esqueletos y esqueletos, cada uno a su manera, pero ¿sabes decir quién es quién? Dímelo ahora, ¿a qué esperas?

ANA   JUAN   DIANA

1   2   3

● Hay trapecios en el circo. ¡Ay, qué emoción, y qué miedo! Pero ¿sabes que tú tienes otro trapecio en el cuerpo? Investiga dónde está. ¿Es un músculo o un hueso?

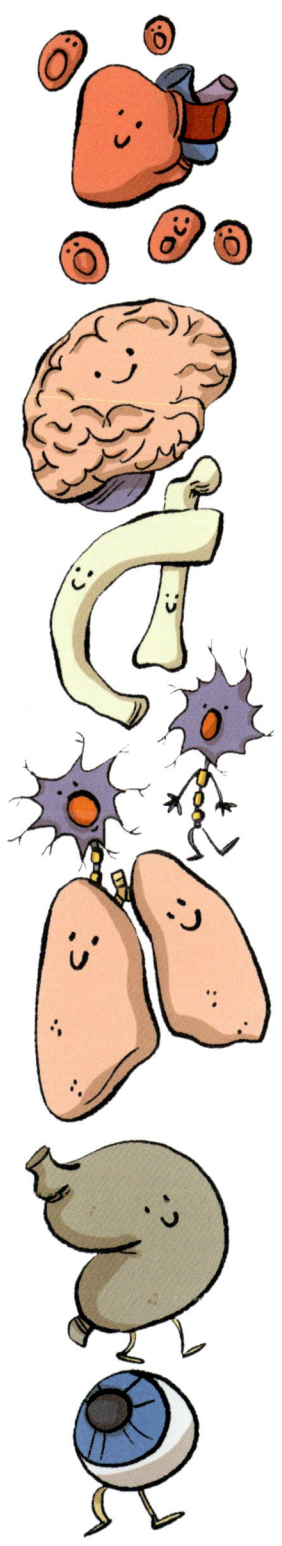

● Con dos pequeños embudos y un tubo de goma o plástico, tendrás en pocos minutos este fonendo tan práctico. ¿Quieres jugar a los médicos y escuchar al corazón? Ponte tu fonendoscopio, ¡serás el mejor doctor!

● Aprende y recita esta adivinanza, y sabrás qué tienes dentro de la panza.

Siempre bato y mezclo
todo lo que comes.
Soy imprescindible
en tus digestiones.

(El estómago)

● Aunque crezcas o adelgaces, engordes o crezcas más, hay algo que nunca cambia y que te hace peculiar: son tus huellas digitales. Con ellas puedes pintar. Fíjate en estos dibujos, y en un papel, haz tú más.